JN061927

準備は　いいですか

ほんとうのこと

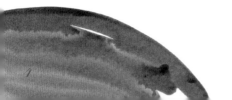

知っていくことに

なりますよ

地球での

壮大な　スケールの

マジックの　種明かしです

現実はじぶんで創っている

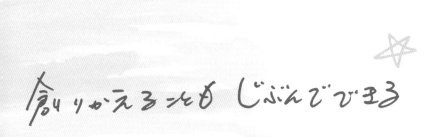

創りかえることも じぶんでできる

いままで

学校でも

大人たちも

社会も

誰 も

教 え て く れ な か っ た

こ と 。 。

自分の人生は

りつOOO

じぶんで 構築して生きれる

さ　あ

じぶんにかけた

眠りの魔法を
どて

ワクの外に　広がる

空のように 自由な

意識に

もどっていきましょう

17

『 あ た ら し い

地 球 の 生 き か た の は じ ま り 』

ネガティブな感情　って

イヤなもの

だと思ってたでしょ

でも ね

それが あなたにもどっていく

" 扉 " になっているんです☆

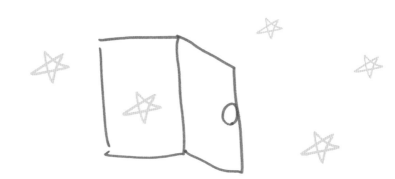

ネガティブな感情(フィーリング)を

手放して

ほんとうのじぶんへの

扉 を あけ

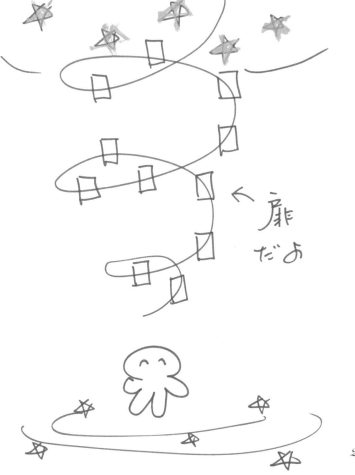

← 扉
だよ

25

平和で 満ちた

なつかしい意識に

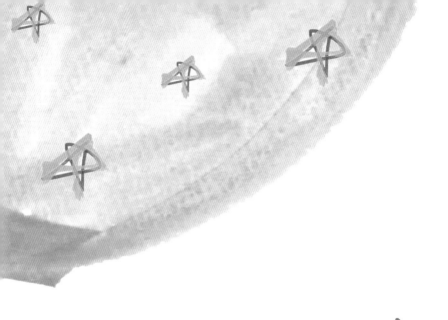

もどっていきましょう

もともとの わたしたちは

プリップリの **満月** のような

完全な意識

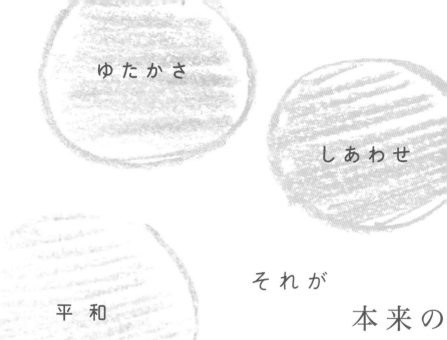

ゆたかさ

しあわせ

平和

それが

本来の

ワクワク

よろこび

満ち感

ったしたちの姿。

『こうして わたしたちは
　　　地球に やってきた』

不安も

心配も

イライラも

力のなさ を感じるのも

できない って感じるのも

どれもただの周波数

イライラ　疲れる　孤独　こわい

忙しい　めんどくさい　痛み

あきらめ　劣等感　罪悪感

36

ごったんです ☆

怒り

失敗感

緊張する

疑い

嫉妬

どうしよう

まあいいか

減っていく

足りない

わからない

どれも

みーんな

手放せるんですよ

例えば

恐怖は

最高の扉

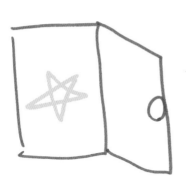

43

扉の向こうには

あなたの

無限の可能性の　意識が

広がっているんです

分離 して

波動を下げた のだから

もどっていくときは

分離を **統合** して

波動を上げていきます

" ワクワク "

51

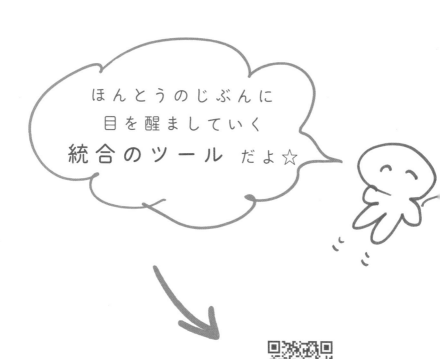

ほんとうのじぶんに
目を醒ましていく
統合のツール だよ☆

" ワクワク "

いままで

わたしたちは

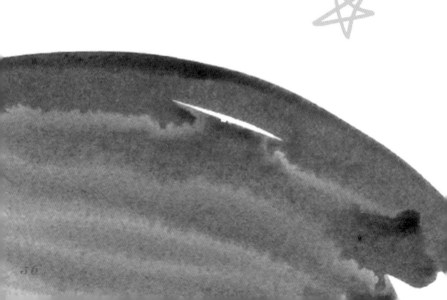

現 実 を

" 一 喜 一 憂 " に

つ か っ て き ま し た

"この現実によって

私は こんな思いをしている"

"あの人 の一言で

こんな気持ちになった"

人のせい

もののせい

すべては

"外" から やってきている

でも

ほんとうは

真 逆 なんです

61

映画館の　映写室に

フィルムを入れると

映像が映るでしょ☆

物理次元の　現実も

同じことなんです

感じている

その フィーリング

その 周波数 を

先 に

　カシャッ☆ と入れて

映し出したのが

　　あなたの現実　なんです

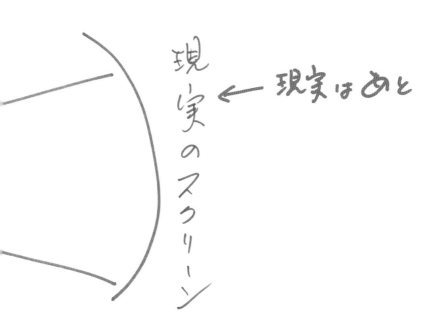

現実のスクリーン　←　現実はあと

フィーリング が 先 で

現実 は あと

現実 は

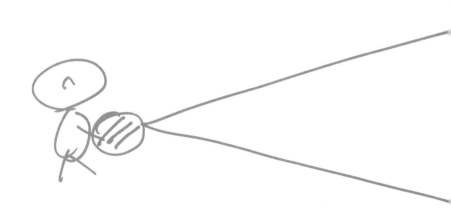

その 周波数（フィーリング）を

体験するための

映　像

現実のスクリーン

現実は中立で

感じているのは じぶんの中だけ

もし

あなたの映し出した 現実が

居心地悪かったら

"その現実は

あなたには　ふさわしくない"

という　サインです

その

居心地わるい　周波数は

手放してください

統合して

波動を上げ

『統合のツール』

あたらしい現実を 映し出す

チャンス☆にしましょう!

物理次元の
現実の創りかたは
とても シンプル

82

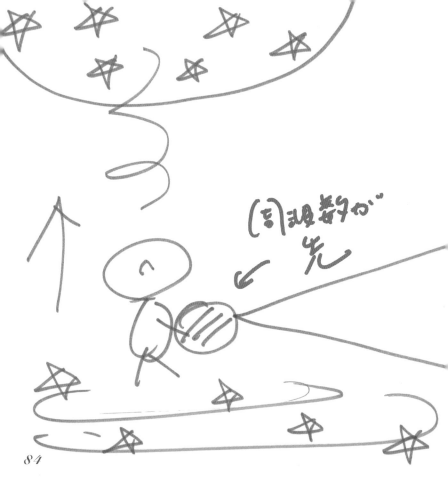

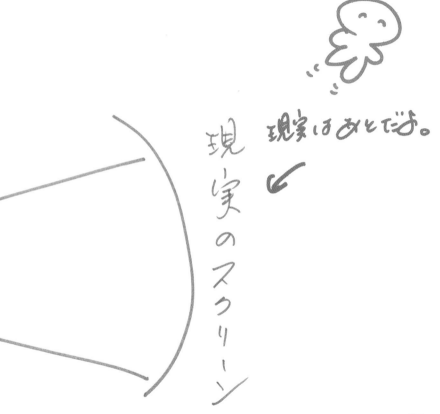

現実はあとでね。

現実のスクリーン

宇宙の法則は

たったひとつ

あたえた意味を
体験する

だから

『こんな意味をあたえたら

すっごくワクワクする！』

その **才能** を

つかってください

あなたの **才能** をつかって

あなたが

ワクワクする

気もちが上がる

心がよろこぶ

" ワクワク "

うれしくなる

意味をあたえて

体験していいんです

95

ワクワク は

"あなたにとって

と　翻訳

真 実 ですよ"

れた 波動です

97

あなたにとっての　真実は

ワクワクすること

気持ちが上がること

よろこびを感じる

スッキリすること

腑に落ちる

ハートが　あたたかくなること

あなたの　真実　に

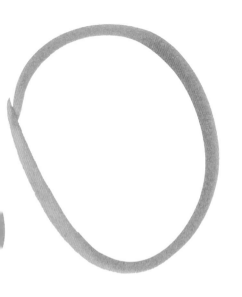

ついていってください

あなたにとっての

真実 を選ぶと

現実は

スムーズになっていきます

でも　止めがあるのに

"ちょっと　ちがうな"

と　思っているのに

そのサインを聞かないで

まわりに合わせていったりすると

現実は　複雑に

むずかしくなっていきます

例えば

人に誘われて

『ほんとうはじぶんが　どうしたいか』

　　を　聞く前に

相手に合わせてしまう

"こうしなきゃいけない"

"こうあるべき"

"美 徳"

これが　今までの

せまいところに　入っていく

" ふるい地球の生きかた "

なんです

この

"ふるい生きかた" を

もう

手放しましょう

じぶんのサインに

耳 を す ま し て く だ さ い

あたらしい地球の生きかた は

教わった知識 ではなく

"じぶんから来るサイン"

を つかった生きかた。

流れは　スムーズになり

物事は

かんたんになっていくのを

体験することでしょう

ひらめきを生きる

ビジョンを生きる

ほんとうのじぶんを　生きる

これからの　生きかたは

かんたんさ

かろやかさ

スムーズさ

ワクや法則に はまった

"ふるい生きかた" から 手を放し

空のような

自由な意識に

もどっていきましょう★

121

無限の可能性 って

わたしたち なんです

まのじぶんを

生きてください

だれの前 でも

どんなシチュエーション でも

ほんとうに感じることを

表現して　いいんです

ほんとうの じぶんを

生ませてあげてください

"人に　どう思われるか"

外を意識した　生きかたは

地球で　学んできたもの。

もう

地球のワクの中で

生きるために　つかってきた

"こうであるべき"

"こうすべき"

といった

法則 や 概念

観念 信念

それらを すべて手放して

その
ワクの　外に広がる

空のように　自由な

もともとの　あなたの意識に

もどっていきましょう

現実は中立で

あたえた意味を

体験している

あなたが

ワクワクする意味 を

あ た え て く だ さ い

映し出した現実が

居心地悪かったら

それは

あなたの真実では ないんです

慌てること ないですよ

つかってる周波数を

手放して

波動を上げ

ワクワクする

あたらしい現実を

映し出してください

パラレルを　移行するんです☆

選 択 は 毎 瞬。

毎瞬　まっさらで

　　選び変えることが　できる

　決まったことなど　何もない

現実は中立で

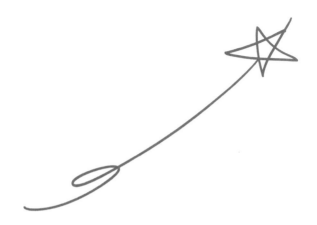

感じているのは じぶんの中だけ

かんたんさ　は

パワフル☆

かんたん に

やれば やるほど

結果が 大きい

時間をかけて

　むずかしく　やればやるほど

　　結果は　小さい

今日

映し出した　現実に

つかった周波数　は　なんですか

あなたにとっての真実 以外は

あの ニコちゃんの場所で

手放しましょう

あなたにとっての **真実** は

"ワクワク"

ワクワクすること

気もちが上がること

　　　よろこびを感じる

　　　スッキリすること

腑に落ちる

ハートが あたたかくなること

真実以外を手放して
この 宇宙意識に
もどっていきましょう。

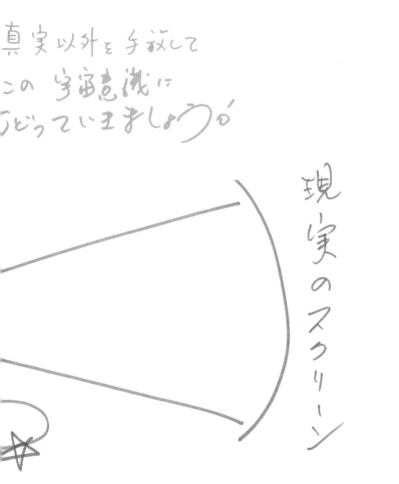

現実のスクリーン

161

もう

居心地悪い感情を

現実に くっつけて

体験するのではなく

手放して

扉をあけて

上がっていきましょう

現実は 中立で

感じているのは じぶんの中だけ

"現実をなんとかしよう"

とする ふるい生きかたは

もうやめてください

現実が 複雑に

むずかしくなりますよ

居心地悪かったら

その使っている

周波数を 手放して

パラレルを移行してください

現実は

じぶんが　どんな周波数を

持っているのか

見つけるために

つかってください

" ワクワク "

現実は

じぶんが　目醒めるために

映し出している

大きく 意識が

変わるとき

じぶんの中を

統 合 して

平和　調和　の意識に

も ど っ て い き ま し ょ う

ほんとうの

パワフルとは

平和

ひとりひとりが

ほんとうのじぶんに

戻っていくことで

この惑星に

長い歴史

山積みしてきた問題も

溶けていきます

外に力をみて

振り回される

ふるい生きかたから

じぶんから来る サイン をつかい

じぶんに 力 を戻した

じぶん軸の

　　あたらしい 地球の生きかたへ

さ　あ

開けたことのない

扉を あけて

ほんとうのじぶんに

もどっていく

感 動 と

驚 き に 満 ち た

生 き か た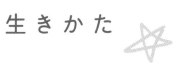

はじめ

4次元のビジョンなのよね

4次元の。

4次元の時空間で見る

真実のビジョン

この本を手にし

じぶんの4次元の扉をあけて

進んでいって

宇宙に散らばる真実が

息づいているのを

こうやって　ひとつずつ見ながら

よみがえらせていくのよね。

知ってることをね。

『こんなことしたら

　　目が醒めちゃうじゃない！』

って　言ってた人がいたけど

実際　そういう本なのよね

これは。

自分で　たくさんの

じぶんへつながる扉を閉めて

3次元を集中して生きてきたわたしたちが

この本を開くことで

その閉じた扉を　開きだすことになるよね

すごいことじゃない☆

１ページずつ進みながら

なつかしい　じぶんに触れ

　　　　そして　真実に触れ

じぶんの中から

よみがえっていくのよね

関野あやこ
朗読音声☆

関野あやこ

1987年
高次元の存在 バシャールとのコンタクトがはじまり
ほんとうのじぶんである宇宙意識とつながる体験をする

そのことがきっかけで
誰もがほんとうは宇宙のように広がる
無限の可能性の 高い意識であることに気づき

その ほんとうのじぶんへと どんどん目を醒ましていく

2000年　誰もが　じぶんの高い意識につながっていける

統合のメソッド　"アンフィニ" を生みだす

この最高にシンプルで　パワフルな統合は

じぶんに力を戻し

地球の法則や　概念の　ワクをこえて広がる

ほんとうのじぶんの高い意識で生きれることを

圧倒的なリアリティーで体感していける と

日本だけではなく海外でも

多くの人たちが使いだし

ワクワクと　よろこびと　感動が

波うって広がりつづけている

関野あやこ
ウェブサイト

sekinoayako.art

あたらしい惑星の学校
オンラインサロン

"クラブハウス"

『ほんとうのじぶんを生きる』

日常 自分の現実をつかって統合し

『自分が現実を創っているんだ』

ということを　ありありと

体験していっている人たちの

シェアです♪

YouTube

チャンネル

お問い合わせ

あたらしい地球の生きかた

～4次元の時空間で見る 真実のビジョン～

2021年9月30日 第一版 第一刷

著　　　者　関野あやこ

発　行　人　西 宏祐
発　行　所　株式会社ビオ・マガジン
　　　　　　〒141-0031
　　　　　　東京都品川区西五反田8-11-21 五反田TRビル1F
　　　　　　TEL：03-5436-9204　FAX：03-5436-9209
　　　　　　http://biomagazine.co.jp/

イ ラ ス ト　関野あやこ

デザイン/DTP　リンキーまゆき
撮　　　影　高澤なおこ

印 刷 ・ 製 本　株式会社シナノパブリッシングプレス